BEI GRIN MACHT SICH IHR WISSEN BEZAHLT

- Wir veröffentlichen Ihre Hausarbeit, Bachelor- und Masterarbeit

- Ihr eigenes eBook und Buch - weltweit in allen wichtigen Shops

- Verdienen Sie an jedem Verkauf

Jetzt bei www.GRIN.com hochladen und kostenlos publizieren

Nejla Demirkaya

Der indische Film. Spiegel oder Schöpfer einer nationalen Identität?

GRIN Verlag

Bibliografische Information der Deutschen Nationalbibliothek:

Die Deutsche Bibliothek verzeichnet diese Publikation in der Deutschen National-
bibliografie; detaillierte bibliografische Daten sind im Internet über http://dnb.d-
nb.de/ abrufbar.

Impressum:

Copyright © 2013 GRIN Verlag GmbH
Druck und Bindung: Books on Demand GmbH, Norderstedt Germany
ISBN: 978-3-656-57552-8

Dieses Buch bei GRIN:

http://www.grin.com/de/e-book/232168/der-indische-film-spiegel-oder-schoepfer-
einer-nationalen-identitaet

GRIN - Your knowledge has value

Der GRIN Verlag publiziert seit 1998 wissenschaftliche Arbeiten von Studenten, Hochschullehrern und anderen Akademikern als eBook und gedrucktes Buch. Die Verlagswebsite www.grin.com ist die ideale Plattform zur Veröffentlichung von Hausarbeiten, Abschlussarbeiten, wissenschaftlichen Aufsätzen, Dissertationen und Fachbüchern.

Besuchen Sie uns im Internet:

http://www.grin.com/

http://www.facebook.com/grincom

http://www.twitter.com/grin_com

Georg-August-Universität Göttingen

Centre for Modern Indian Studies

Seminar: Ethnologische Theorien zur Kultur und Gesellschaft

Indiens

Wintersemester 2012/13

Der indische Film – Spiegel oder Schöpfer einer nationalen Identität?

Nejla Demirkaya

15.03.2013

Geschichte und Moderne Indienstudien (2-Fächer-Bachelor)

3. Semester

„The cinema is widely considered a microcosm of the social, political, economic, and cultural life of a nation. It is the contested site where meanings are negotiated, traditions made and remade, identities affirmed or rejected."

-Sumita S. Chakravarty, 1993, S. 32.

Die Kultur der Republik Indien stellt ein Konglomerat aus den unterschiedlichsten Bräuchen und Traditionen, Sprachen und Mentalitäten dar. Dennoch fordern und fördern der Staat ebenso wie nationalistische Akteure in Politik, Gesellschaft und Kultur seit der Unabhängigkeit das Aufkommen eines nationalen Zusammengehörigkeitsgefühls, das all diese Trennlinien überwindet und das Volk zusammenführt. Gerade in Indien, wo es die dominierende kulturelle Institution darstellt (Mallot, 2012, S. 61), eignet sich das Massenmedium Film dazu, eine solche nationalistische Vision Wirklichkeit werden zu lassen – oder die wahrgewordene Nation zu repräsentieren. Inwiefern fungieren also indische Filme, seien es dokumentarische, Kurz- oder Spielfilme aus Bombay, als Spiegel oder als Schöpfer einer (pan-)indischen Identität? Im Folgenden soll anhand der ausführlichen Besprechung der genannten Gattungen mit Schwerpunkt auf dem Hindi-Film und besonders aussagekräftiger Phänomene aufgezeigt werden, dass beide Aspekte, der „spiegelnde" und der „schöpferische", durchaus ambivalent sind.

Schon früh erkannte die Regierung des unabhängigen Indien das Potenzial des Mediums als Instrument der Nationenbildung. Ziel war die Schaffung einer zumindest identitätspsychologisch homogenen Gesellschaft. In diesen Anfangsjahren nahmen Dokumentarfilme der staatlichen Films Division of India (FDI) am sichtbarsten diese Funktion an: Der Großteil der vom FDI produzierten und vertriebenen Filme waren pädagogischer Natur. Sie sollten das Volk mit dem vielgestaltigen kulturellen, historischen wie natürlichen Erbe ihres Landes vertraut machen und richteten sich dabei an unterschiedliche Zielgruppen, Erwachsene ebenso wie Schulkinder. Hierbei kam die staatliche Propagierung der „unity in diversity" unmissverständlich zum Ausdruck, die Vorstellung eines trotz oder gerade wegen seiner Verschiedenartigkeit und in seiner Loyalität gegenüber der politischen Führung, der staatlichen Repräsentation der Nation, geeinten Volkes. Kinobetreiber waren noch bis in die 1990er hinein dazu verpflichtet, diese Produktionen vor der eigentlichen Vorführung zu zeigen zwecks größtmöglicher Verbreitung; allerdings dürfte der angestrebte Effekt unter den Zuschauern letztendlich nicht eingetreten sein (Roy, 2002, S. 237 f.).

Denn es war vorallem der Spielfilm, die große gemeinsame Leidenschaft des indischen Volkes, welcher die Massen flächendeckend in seinen Bann zu schlagen und damit sogar sozio-kulturelle Grenzen zu überwinden vermochte (Guha, 2008, S. 709). Eine zunächst indirekte Wirkung kann dem Film dabei nicht abgesprochen werden: Bereits der bloße Besuch eines Kinos, in Indien immer auch als soziales Ereignis zelebriert (vgl. Srinivas, 2002), offenbart den einigenden Einfluss des Mediums Film: Das Publikum kommt zusammen, um sich in vielen Produktionen selbst repräsentiert zu sehen, und weiß um die Tatsache, dass nicht nur die fremden Sitznachbarn, sondern gleichzeitig unzählige andere Menschen im ganzen Land in einem Kinosaal sitzen, um möglicherweise sogar den selben Film zu schauen und sich mit ihm zu identifizieren (Mallot, 2012, S. 64.). Überregional verehrte Schauspieler[1] wie Raj Kapoor, Nargis und Amitabh Bachchan mögen nach wie vor ihren Teil dazu beitragen, dass das sich mit ihnen identifizierende Volk aufgrund der selben Favoriten und Idole auch untereinander ein Gemeinschaftsgefühl verspürt. Zudem wäre es wichtig zu ermessen, in welchem Ausmaß das Wissen um die Herkunft und den Glauben aller an einer Filmproduktion Beteiligten, falls vorhanden, Einfluss auf die Selbst- und Weltwahrnehmung der Zuschauer gehabt haben mag. Für „Sholay" (1975), einem der Klassiker unter den Hindi-Filmen, kamen bspw. tamilische und bengalische Schauspieler, ein Regisseur aus Sindh und Autoren aus dem Punjab zusammen (Guha, 2008, S. 716 f.). Einige der populärsten Darsteller des Bombay-Kinos waren und sind Muslime; als gegenwärtiges Beispiel ist der Schauspieler Shah Rukh Khan zu nennen, der in seiner Heimat und darüber hinaus in allen denkbaren sozialen Gruppen kultische Verehrung genießt. Es darf gemutmaßt werden, dass all diese Ikonen des von der Zielgruppe zweifellos als „national" empfundenen Kinos die Aufnahme anderer Gruppen in das Verständnis von der indischen Nation unterstützen.

Doch nicht nur die große Leinwand, auch das heimische Fernsehgerät vermochte die Massen überregional zu einer einzigen Zuschauerschaft zu verschmelzen. Die

---

[1] Fast ausschließlich der Hindi-Film aus Bombay brachte aufgrund der Größe des Sprachgebietes diese überregional verehrten Schauspieler hervor. Ihnen setzte sich v.a. in Südindien teilweise massiver Widerstand entgegen; vgl. hierzu Guha, 2008, S. 714 f.

Ausstrahlung des „Ramayana" in den 1980ern diente dem Ziel nationaler Integration, und tatsächlich fand diese Verfilmung des hinduistischen Epos flächendeckenden Anklang, ebenso wie wenige Jahre später die des „Mahabharata". Da sich das Publikum in allen Regionen und Religionen Indiens finden ließ, kann in der Tat, wie von Politik und Presse erhofft und verbreitet, von der „Realisierung eines kollektiven Bewusstseins" (Rajagopal, 2001, S. 207) gesprochen werden – zumindest temporär. Selbiges gilt auch für die Kurzfilme der „Vande-Mataram"-Reihe sowie weitere filmisch-musikalische Projekte aus dem Hause Bharatbala Productions, obgleich hierbei ein neuer und entscheidender Aspekt hinzukommt. Um die Jahrtausendwende beinhalten diese Videos eine der nationalistischen Ideologie des FDI ähnliche Botschaft: Die Einheit Indiens in all ihrer natürlichen und menschlichen Vielfalt unter der gemeinsamen Regierung, hier u.a. symbolisiert durch die safran-weiß-grüne Flagge. Nun gehen Mentalitätswandel und technologischer Fortschritt dabei Hand in Hand: Die Ausstrahlung eines den indischen „Helden" und „Märtyrern" des Kargil-Krieges zwischen Indien und Pakistan gewidmeten Videos nicht nur auf Fernsehkanälen, sondern zeitgleich im Internet markiert den Übergang vom in Indien ansässigen nationalen Individuum, wie er von der Verfassung seit 1950 vorgesehen war, zum auch im Ausland lebenden Angehörigen der Nation, der über einen einfachen Mausklick jederzeit Verbindung zur Heimat herstellen kann (Roy, 2002, S. 253). Doch dieser Übergang offenbart sich nicht nur in der globalen Verfügbarkeit dieser wenige Minuten umfassenden Produktionen, sondern noch unmittelbarer erfahrbar in den in Spielfilmen erzählten Geschichten. In jüngeren Werken des Bombay-Kinos, für die „Swades" von 2004[2] beispielhaft ist, nimmt der indische Auswanderer, der trotz seiner körperlichen Entfernung vom Heimatland emotional noch immer mit diesem verbunden ist und es beim wirtschaftlichen Wachstum unterstützt, mehr und mehr Raum ein. Während der indische Migrant in älteren Filmen als verräterischer, moralisch verderbter Antagonist dargestellt wurde, erscheint er also nun in einem weitaus vorteilhaferen Licht, als das Idealbild des an die modernen Gegebenheiten angepassten, global wettbewerbsfähigen und vermögenden Inders, dessen Herz trotz seiner internationalen Versiertheit nach wie vor einzig seiner Heimat gehört. Er ist damit nicht länger ein Vertreter der „Anderen",

---

[2] „Swades", die Geschichte eines aus den USA Heimkehrenden, der in Indien seinen Nationalstolz und seine Verantwortung für das Vaterland entdeckt, erschien ein Jahr nach der Durchsetzung des Dual Citizenship Act, welcher erstmals in der Geschichte des unabhängigen Indiens zwei Staatsbürgerschaften akzeptiert; vgl. hierzu Ranganathan, 2010, speziell S. 47.

der „Nicht-Inder", durch welche die Ideologen der Nationenbildung das indische Volk zu definieren versuchen (Ranganathan, 2010, S. 44 ff.).

Bollywood-Filme sind auch in einer weiteren Hinsicht für die indischen Gemeinschaften in der Diaspora von Bedeutung: So richten sie sich vornehmlich an diese im Ausland ansässige Zuschauerschaft, also an eben jene Non-resident Indians (NRI), deren Nationalismus nunmehr „willkommen" ist (Rajadhayaksha, 2003, S. 29). Das cineastische Phänomen Bollywood dient den Migranten und Expatriaten als identitätsstiftendes Medium, da es eine Verbindung zwischen ihnen und ihrer vermeintlichen Heimat herstellt bzw. diese aufrechterhält. Fernab der dortigen Realitäten lebend nimmt das indischstämmige Publikum die gezeigten Sitten, Bräuche und Verhaltensweisen als mehr oder weniger authentische Repräsentation „seiner Kultur" wahr und fühlt sich, indem es emotionale Bindungen mit den Charakteren und dem Handlungsverlauf eingeht, nicht zuletzt durch die obligatorischen Tanz- und Gesangsszenen dieser Kultur, dem Land und den in ihm lebenden Leuten angehörig und nahe.

Zuweilen zeigte sich in der Filmgeschichte jedoch eine Diskrepanz zwischen Geschmack und Sicht der Filmemacher und denen des Publikums. So dominierte die authentische Wiedergabe traditionellen Landlebens im Kontrast zum verderblichen Einfluss des urbanen Raumes die Handlung vieler Hindi-Filme v.a. in den 1950ern. Das Raj-Kapoor-Werk „Jagte Raho" (1956) beschrieb das Stadtleben als von Kriminalität und Misstrauen geprägt; dieser Darstellung lag die damals unter den sich entwurzelt fühlenden Verantwortlichen weit verbreitete Ansicht zugrunde, dass nicht in der Stadt, sondern im Dorf das „wahre Indien" zu finden sei (Chakravarty, 1993, S. 85). Dass die Zuschauer, größtenteils eben nicht von städtischer Herkunft und englischer Bildung, diese Haltung nicht teilten, ist am mangelnden Zuspruch ersichtlich, dem sie „Jagte Raho" und anderen Filmen vergleichbarer Aussage trotz so populärer Mitwirkender wie Raj Kapoor zukommen ließen (ebd.). Unbedingt miteinbezogen werden muss also der finanzielle Erfolg eines Films, da er als ungefährer Richtwert für seine Beliebtheit beim Publikum gelten kann. Diese sagt nämlich wiederum aus, ob die Produktion den Geschmack der Zeit getroffen hat – und sich die Menschen Indiens tatsächlich mit der Handlung und den Charakteren identifizieren konnten. Jedem vollendeten und im Kino veröffentlichten filmischen Werk geht zwar ein kollektiver Arbeitsprozess voraus; dass seine Botschaft letztlich aber immer noch auf einem hohen Maß an Subjektivität basiert und somit die „nationale" Aussagekraft des gesamten Mediums zunächst einmal fraglich erscheinen muss, sollte anhand des genannten Beispiels verdeutlicht werden.

Obig geäußerte Skepsis ist sogar noch umfassender anzuwenden: Dass das Vorhaben der Nationenbildung durch Unterhaltungstechnologie allein, zumindest in der Form, wie sie gegenwärtig in Indien anzutreffen ist, realisiert werden kann, darf in Zweifel gezogen werden. Tatsächlich steht einem nationalen, ein kollektives Selbstbewusstsein schaffenden Kino, ob in Indien selbst oder in der Diaspora, die schiere kulturelle Vielfalt des Landes entgegen. Das so inhomogene Volk mit seinen uneinheitlichen Wünschen und Bedürfnissen kann unmöglich gleichmäßig bedient und in all seinen Facetten dargestellt werden (Mallot, 2012, S.64 f.) – was auch nicht der Fall ist. Im Hindi-Film überwiegt verständlicherweise die Darstellung nordindischer sprachlich-kultureller Sphären, womit der gesamte Raum außerhalb des Hindi-Gürtels automatisch marginalisiert wird. Insofern ist eine durch den Film inspirierte „nationale Identität", die beim Publikum aufkommen mag, wohl als Illusion zu bezeichnen.

Resümierend ist zunächst festzuhalten, dass das Selbstbild der indischen Nation, die nationale Identität, so sie denn tatsächlich existiert, ein steten Wandlungen unterworfenes Konstrukt ist. Seine Entwicklung von einer den NRI ausschließenden, sogar verteufelnden Vorstellung eines nationalen Gefüges zur Idee des NRI als fundamentalen Bestandteil der Nation zeigt auf, wie sehr dieses Konstrukt sogar an zunächst rein wirtschaftliche Umwälzungen gekoppelt sein kann. Die Vorstellungen vom „Indisch-Sein", wie sie in Kino, Fernsehen und neuerdings auch durch Filme im Internet transportiert werden, unterscheiden sich daher je nach geschichtlichem Kontext und den Intentionen der Filmemacher, sind also wandelbar und mitunter sehr subjektiv. Oftmals spiegeln sie weniger das Selbstbild des indischen Volkes, sondern vielmehr die politischen Ambitionen und ideologischen Überzeugungen ihrer Macher wider. Dennoch verfügen insbesondere Bollywood-Produktionen durchaus über das Potenzial, dank ihrer weitläufigen Beliebtheit, ob direkt durch die Handlung an sich oder indirekt durch die Erfahrung gemeinsamer Interessen, zumindest die Illusion einer nationalen Einheit zu erzeugen, die auch in der Diaspora ihre Wirkung entfaltet – und wenigstens in kleinem Rahmen die nationalistische Vision verwirklicht.

Literatur

Chakraborty, Chandrima. 2003. Subaltern Studies, Bollywood and Lagaan. Economic and Political Weekly, May 10 2003: 1879-1884.

Chakravarty, Sumita S.. 1993. National Identity in Indian Popular Cinema: 1947-1987. Austin, University of Texas Press.

Guha, Ramachandra. 2008. India after Gandhi: The History of the World's largest Democracy. New York, HarperCollins.

Mallot, Edward J.. 2012. Memory, nationalism, and narrative in contemporary South Asia. New York, Palgrave Macmillan.

Rajadhyaksha, Ashish. 2003. The ‚Bollywoodization‘ of the Indian cinema: Cultural nationalism in a global arena. Inter-Asia Cultural Studies, Vol. 4 No. 1: 25-39.

Rajagopal, Arvind. 2001. A ‚split public‘ in the making and the unmaking of the Ram Janmabhumi Movement, in: Rajagopal, Arvind (Hrsg.). 2001. Politics after Televison: Religious Nationalism and the Reshaping of the Indian Public. Cambridge, Cambridge University Press: 155-211.

Ranganathan, Maya. 2010. Towards a more inclusive Indian identity? A case study of the Bollywood film Swades. National Identities, Vol. 12 No. 1: 41-59.

Roy, Srirupa. 2002. Moving pictures: The postcolonial state and visual representations of India. Contributions to Indian sociology, Vol. 36 No. 1-2: 233-263.

Srinivas, Lakshmi. 2002. The active audience: Spectatorship, social relations and the experience of cinema in India. Media, Culture & Society, Vol. 24: 155-173.